LE GOLDEN RETRIEVER

François Kiesgen de Richter

SOMMAIRE

LE GOLDEN

Le Golden Retriever est à l'origine un chien de chasse rustique et polyvalent. Comme chien de compagnie il est très sociable, extrêmement attaché à son maître, patient avec les enfants. C'est un chien équilibré, aimant travailler et aimant faire plaisir, mais il supporte mal la solitude et le chenil.

Doué d'une mémoire exceptionnelle, il est très facile à éduquer. Le Golden Retriever a gagné bien des prix en participant à des expositions canines et à des concours d'obéissance.

Le Golden Retriever est utilisé aussi comme chien d'aveugle, notamment garce à son intelligence, à son écoute et la précision avec laquelle il peut être éduqué.

Grâce à son excellent odorat, ce chien a gardé ses instincts de chasseur, et il reste un très bon apporteur de gibier. Il aime l'eau, et il est recherché pour la chasse sur les lacs ou sur les rivières.

L'équilibre psychologique du Golden s'obtient par le développement de ses capacités naturelles, par le respect de ses besoins et par la complicité avec son maître. Ce dernier point est essentiel.

La socialisation du Golden est indispensable pour éviter les problèmes. Il faudra l'éduquer en club. Le premier point est qu'un Golden ne doit pas fuguer, et doit réagir immédiatement au rappel. Le second point est qu'il doit avoir un équilibre psychologique parfait car il a du tempérament.

Vous devez vous souvenir que le Golden est un chien de chasse. Sa désignation de retriever signifie littéralement « rapporteur » - c'est un chien de chasse capable de trouver, poursuivre et rapporter le gibier, ce qui implique de l'énergie, du dynamisme, de l'intelligence, mais aussi un goût pour la nature, pour courir et nager. Une obéissance issue d'une bonne éducation sera indispensable.

Le flair du Golden est très développé, et c'est un excellent nageur. Il est normal que jeune il cède à la tentation d'aller dans l'eau, de débusquer du gibier et des rongeurs et aussi de faire des trous dans le jardin pour les déloger. Une éducation précise sera nécessaire pour contrôler ses pulsions.

ORIGINES

Connaître l'étiologie avant d'éduquer est une démarche indispensable qui vous évitera bien des déboires.

Le chien est avant tout un animal avec des comportements issus de son parcours génétique, il a des besoins spécifiques, en tenir compte vous permettra de mieux appréhender son éducation. C'est encore plus vrai pour le Golden qui est à l'origine un chien de chasse.

La domestication du chien est intervenue longtemps avant celle de toutes les autres espèces domestiques actuelles. Elle précède de plusieurs dizaines de milliers d'années la sédentarisation et l'apparition des premières fermes agricoles.

Les chiens sont issus du Loup gris (Canis lupus) domestiqué à plusieurs endroits du monde.

L'identité exacte de l'ancêtre du chien a longtemps été un mystère. Des scientifiques subodoraient que les chiens provenaient d'un croisement entre des loups et des chacals.

Les progrès récents ont finalement permis d'établir que le chien est plus proche génétiquement des sous-espèces actuelles de Canis lupus (Loup gris) avec lequel il partage 99,9 % de son ADN.

En 1997, une comparaison de génome sur 300 échantillons appartenant à la lignée des chiens domestiques actuels et à la lignée des Loups gris a montré, que ces lignées s'étaient séparées il y a 35 000 ans.

La découverte d'une lignée de loup aujourd'hui éteinte : le loup Taïmyra est à l'origine de la divergence entre le loup et le chien. Il y a 27 000 ans la séparation devint totale.

La relation entre humains et canidés sauvages est très ancienne. Des restes de loups ont été retrouvés en association avec ceux d'hommes il y a 400 000 ans.

Les chasseurs-cueilleurs et les loups avaient plusieurs points communs : ils appartenaient à des espèces sociables, ils partageaient le même habitat et ils se nourrissaient des mêmes proies.

Des études ont montré que les louveteaux capturés tout jeunes et élevés par des hommes s'apprivoisaient et se socialisaient facilement, d'autant plus qu'ils dépendaient de leurs maîtres pour leur alimentation.

Cela n'explique toutefois pas leur domestication, puisque ces louveteaux demeuraient des loups. Pour cela l'homme fit s'accoupler des loups domestiqués et commença à en faire l'élevage.

Ainsi naquit le Canis Lupus Familiaris, autrement dit le nom scientifique de votre chien. Et ce quelle que soit sa race.

En sélectionnant les chiens et en les croisant en fonction de leurs aptitudes et de leurs physiques : le plus petit avec le plus petit, celui court sur pattes avec son semblable, le museau le plus plat avec un autre museau plus plat, le plus rapide avec le plus rapide, le plus agile avec le plus agile, les poils longs avec les poils longs… on a obtenu les races actuelles.

Il est extrêmement important de savoir que tous les ascendants de nos amis chiens ont commencé leur existence par une évolution commune même si ce fut en combinant des caractéristiques précises. Pourquoi est-ce important de comprendre le parcours génétique du chien ? Tout simplement car le Canis Lupus (le loup) est le Canis Lupus familiaris (le chien) ont des comportements de base identiques. Les aspects instinctifs de nos chiens sont identiques à ceux du loup.

En connaissant l'étiologie vous pourrez affiner votre

méthode d'éducation canine. La connaissance des besoins et des instincts est primordiale pour comprendre votre chien.

Il fut vendu un couple de bergers Russe à Sir Dudley un Lord Anglais, et il acheta un retriever Wavy Coated noir à un cordonnier de Brighton.

Devenu Lord Tewdmonth en 1881. il commença la sélection du Golden Retriever au cours de la deuxième moitié du siècle dernier.

Il fit s'accoupler son retriever Wavy Coated noir à sa femelle Berger Russe ce qui donna naissance à quatre chiots : trois mâles et une femelle.

À partir de cette époque et jusqu'en 1 890 Lords Tweedmonth nota scrupuleusement toutes les naissances dans son Livre des Origines, document conservé par le Kennel Club Anglais.

Le Kennel Club d'Angleterre a accepté les premiers Goldens à l'enregistrement en 1903. À l'époque, ils ont été enregistrés comme Flat-Coat Golden. En 1911, la race fut reconnue et appelé "Retrievers jaune ou or," puis le "jaune" a été retiré de leur nom. La traduction a donc donné « Golden retriever ».

Les Retrievers Wavy-Coated sont les ancêtres des Flat-Coats-Retriever d'aujourd'hui ils sont aussi à l'origine des Setters, des Saints-Jeans de Terre-Neuve et des Water-Spaniel-Tweed, ainsi que des épagneuls de la région de Tweed River.

Pour le Golden retriever l'histoire de son origine que je viens de vous proposer est celle la plus répandue en cette année 2016.

Connaître l'étiologie vous permet de comprendre les gênes de votre Golden et donc de mieux appréhender son comportement.

Le Golden est passé de chien de gibier d'eau à chien de compagnie médiatisée. Vous devez comprendre qu'il a gardé tout son potentiel, et qu'il aura besoin de conditions de vie spécifiques car ses gênes le pousseront à aimer courir après le gibier et adorer l'eau. Donc il faudra une éducation serrée pour contrôler ses instincts, et il lui faudra de l'activité. À ces deux conditions il sera un chien merveilleux. Le Golden est un chien dépourvu d'agressivité, il faudra donc éviter, si vous n'êtes pas un maître averti, de le faire cohabiter avec des races qui auront tendance à la dominer.

STANDARD DE RACE

Chez le Golden la robe peut avoir toutes les nuances de jaune, du crème au doré foncé avec de très légères traces de rouge terre de sienne.

Le Golden est un chien harmonieux, puissant, de constitution robuste à l'expression empreinte de douceur. La queue est portée au niveau du dos, elle atteint le jarret et ne s'enroule pas à l'extrémité. La queue, bien frangée, est portée dans le prolongement du dos. La tête présente un stop marqué, une truffe noire, des oreilles pendantes de taille moyenne. Les mâchoires sont fortes. Les pieds sont ronds dits en « pieds de chat ».

La fourrure est épaisse et soyeuse, le poil est plat ou ondulé, avec des franges. Les couleurs blanc neige, acajou, noir ou chocolat ne sont pas admises. Un Golden « noir » est en fait un retriever à poil plat.

L'aspect général du Golden Retriever est symétrique, équilibré, actif, puissant, bien aligné dans son allure. L'expression est celle d'un chien réfléchi et gentil. La tête est proportionnée et bien ciselée. Le crâne est large mais non grossier. Le museau est puissant, large et profond, d'une longueur égale à celle du crâne, avec un stop bien défini.

Les yeux doivent être de couleur marron foncé, bien écartés, avec des bords de paupières foncés.

Les oreilles, d'une taille modérée, sont attachées approximativement à la hauteur des yeux.

Les membres sont droits et dotés d'une bonne

ossature, bien positionnés sous le tronc. La queue est attachée et portée à la hauteur du dos : elle arrive jusqu'au jarret, sans jamais s'incurver à l'extrémité.

Le poil : est plat ou ondulé, avec de belles franges. Le sous-poil épais est et imperméable.

Le mâle mesure de 56 à 61 cm et la femelle de 51 à 56 cm pour un poids pour la femelle de 25 – 32 kg, et pour le mâle de 30 à 34 kg.

L'Espérance de vie : moyenne du Golden est de 10 à 12 ans

Le Pedigree peut être considéré comme le passeport du chien de race pure. On peut remonter jusqu'à 4 générations grâce à ce document. En France, c'est la Société Centrale Canine qui gère et délivre le pedigree.

Le pedigree remplace le certificat de naissance et s'obtient après avoir présenté le chien à l'examen de confirmation entre 12 à 15 mois, selon les races., en général 15 mois pour le Golden. Lors de cet examen, un juge confirmateur agréé examine la conformité morphologique du chien au standard de sa race et évalue l'équilibre de son comportement puis vérifie son aptitude à reproduire des chiens de race et à contribuer à l'amélioration de la race.

Le pedigree est attribué en France par la Société Centrale Canine. Les futurs chiots du chien avec pedigree seront pré-inscrits au L. O. F, il faudra les faire confirmer.

Les séances de confirmation sont organisées par les Sociétés Canines Régionales lors des expositions canines ou par les Clubs de race. À noter que les confirmations ouvrent un droit d'inscription que vous devez acquitté. Aussi vous devrez envoyer le carnet LOF à la SCC avec la validation de la confirmation qui vous est remise sur place. Parfois l'attente de retours du document est longue.

Le Livre des Origines Français regroupe environ 400 races de chiens homologuées par la Fédération Cyno logique Internationale.

Le LOF vous donne la certitude de trouver un Golden

dont les qualités et les attributs sont ceux de sa race.

Les chiens de race ont des spécialités dans de multiples disciplines, des caractères et des comportements typiques qui font leur charme et leur efficacité. Les caractéristiques physiques et les aptitudes particulières de chaque race sont décrites avec précision dans un document officiel : le Standard de Race. Ce document, émanant du pays d'origine du chien, est la "référence". Il décrit avec précision les différentes parties du corps, les couleurs et natures de robe ainsi que les traits dominants. C'est un appui précieux sur lequel vous pouvez compter.

L'attestation de vente est obligatoire pour un chien LOF. Ce contrat, signé par le vendeur et l'acheteur, doit mentionner : la date de vente, l'identité du chien, son prix, l'adresse des vétérinaires choisis par les parties en cas de litige. Elle précise l'inscription provisoire ou définitive du chien au L. O. F.

Votre vendeur ayant inscrit provisoirement votre chiot au L. O. F. recevra le Certificat de Naissance qu'il devra vous transmettre.

La Puce électronique est obligatoire pour les chiens LOF. L'immatriculation des carnivores domestiques est exigée en France dans un certain nombre de situations : Avant la cession (même gratuitement, et même entre particuliers), pour les chiens de plus de 4 mois, et au-delà, pour certifier la vaccination antirabique, pour les passages transfrontaliers etc.

La Puce électronique est également précieuse pour retrouver son compagnon en cas de fugue et pour établir qui est le propriétaire de l'animal.

Pour les maîtres se déplaçant à l'étranger, la puce inclut l'information nécessaire pour identifier le pays d'origine et contacter le bon fichier.

De la taille d'un grain de riz, la puce électronique est un composant enrobé de verre bio-compatible. Il est glissé sous la peau par le vétérinaire, à l'aide d'une forte aiguille. Cet acte médical se réalise, selon le cas, avec ou sans anesthésie.

La lecture s'effectue à l'aide d'un appareil spécifique, promené sur le chien. Le numéro s'inscrit sur un écran à cristaux liquides. Cette vérification sera faite plusieurs fois durant la séance de confirmation, et à chaque fois que vous présenterez le chien chez un nouveau vétérinaire, et en concours de beauté ou de sport canins.

La durabilité de l'implant est supérieure à la durée de vie de l'animal. L'information qu'il contient est infalsifiable. Le numéro attribué est unique et correspond à un seul animal, sans confusion possible. Les coordonnées du détenteur sont centralisées dans le pays d'implantation, auprès d'un organisme agréé par les autorités locales.

Lorsque le chien est déplacé de manière définitive dans un autre pays, son enregistrement doit se faire à nouveau dans le pays d'accueil.

En France, cet enregistrement s'effectue auprès d'un vétérinaire. Les déplacements courts (vacances) ne nécessitent pas de démarche spécifique.

À l'inverse, les travailleurs transfrontaliers et les voyageurs partageant leur temps entre deux pays gagnent à faire enregistrer leur animal à titre complémentaire dans le second pays fréquenté.

L'accès aux renseignements du fichier est autorisé aux seuls vétérinaires, membres des forces de l'ordre, municipalités et gestionnaires de fourrières, moyennant un code d'accès professionnel.

Placé sous la peau, le risque existe que le découvreur d'un animal errant n'ait pas l'idée de la présence d'un transpondeur électronique. Cet inconvénient peut aboutir à une adoption spontanée par un particulier (appropriation) ou au placement (illégal) auprès d'un foyer d'accueil alors que le circuit d'adoption réglementaire est légalement géré par les Sociétés de Protections Animales et assimilées. De tels placements illégaux, réalisés le plus souvent de bonne foi, peuvent aboutir à une lecture très différée de la puce électronique. Certains vétérinaires ne font pas systématiquement la lecture de la puce, à chaque première présentation d'un animal dans leurs cabinets. Dans ce cas, il faut éviter ces professionnels, car ils ne font pas bien leur métier.

Lorsque la puce est identifiée fausse ou absente au détour d'une consultation, le vétérinaire doit en informer le détenteur qui a présenté l'animal à sa consultation. Il peut l'aider à retrouver le propriétaire légitime mais sans pouvoir le rechercher lui-même de sa propre initiative.

Les fichiers des différents pays ne sont pas interconnectés. Aussi, les voyageurs se rendant régulièrement dans un même pays étranger ont-ils intérêt à enregistrer à titre complémentaire leur animal dans le fichier de ce pays.

Nous nous avons la chance en France, que n'ont pas d'autres pays européens, de pouvoir utiliser simultanément deux systèmes d'enregistrement le tatouage et la pose d'une puce électronique c'est sans aucun doute le meilleur moyen de pouvoir retrouver son animal de manière rapide.

S'il faut choisir, le transpondeur est très largement préférable au tatouage.

Si vous choisissez aussi le tatouage il faut le faire dès le deuxième mois, à l'occasion du premier vaccin. Le tatouage est pratiqué par un vétérinaire ou par un tatoueur agréé par le Ministère de l'Agriculture. Ce praticien est responsable de la transmission de l'information au Fichier National Canin.

La carte d'identification du chien vous est obligatoirement remise par le vendeur ou l'éleveur.

Par la suite, en cas de changement adresse, don, vente, transmettez les modifications à la S.C.C. grâce à la carte T, détachable de la carte d'identification du chien. Celle-ci vous retournera gratuitement une nouvelle carte. C'est juste un peu long.

Les Goldens peuvent passer l'examen de confirmation à partir de 15 mois révolus. Il n'y a pas d'âge maximum. Il n'y a pas de limite. Si vous avez l'impression que votre chien est encore un peu juvénile, laissez passer quelques mois avant de le présenter. Vous éviterez ainsi un ajournement, que le juge peut demander, pour attendre l'épanouissement de votre Golden.

Si la démarche n'est pas correcte, le juge peut également vous demander de faire procéder au contrôle des hanches par radiographie et ajournera votre chien jusqu'au retour du résultat.

L'expert-confirmateur va comparer votre Golden au standard de sa race : mesurer sa hauteur, s'assurer que les dents sont bien placées, que la couleur des yeux et de la robe sont dans les tons souhaités, que la construction osseuse est conforme, que les testicules sont en place pour les mâles, que le caractère est équilibré et sympathique…

Pour cet examen le juge doit pouvoir examiner les dents. Il est nécessaire d'habituer votre chien à ce que des étrangers mettent les doigts dans sa bouche, demandez à vos amis de le faire.

Si vous avez acheté un " Golden sans papier ", sans doute par manque d'informations, il faut le castrer pour le mâle et la stériliser si c'est une femelle. Sinon, vous pouvez vous lancer dans une tentative de prouver sa race. Bon courage, car une confirmation à titre initial est un parcours du combattant.

Si votre Golden est refusé à la confirmation et que cette décision vous paraît non justifiée vous avez deux mois pour faire appel auprès de la Société Centrale Canine. Bon courage c'est aussi un parcours du combattant.

LE STYLE DE VIE

Le Golden sera plus heureux de vivre dans un pavillon avec jardin mais il sait se contenter d'une vie en appartement s'il est sorti très souvent. Dans tous les cas il a besoin d'une éducation. Je me répète mais ce point est fondamental, maintenant que vous connaissez ses origines, vous comprenez ses tendances à la fugue, et à foncer vers l'eau.

Il aboie peu et il est particulièrement ritualisé dans son comportement du quotidien, notre emploi du temps dicte le sien. C'est d'ailleurs dans la « routine » que nos compagnons se sentent le mieux : c'est l'habituel et le prévisible, qui les rassure.

Au rythme de nos allées et venues, le Golden se fabrique un « catalogue de comportements canins », qui est organisé autour de nos activités humaines, professionnelles ou autres.

Le changement d'habitude doit se gérer, et il faudra préparer le chien avec une immersion progressive si possible, et toujours être plus proche du Golden à ce moment-là.

Par exemple vous retrouvez un travail, le Golden ne pourra pas d'un seul coup rester seul. Vous aurez besoin d'une phase de transition, qu'il faudra anticiper, en partant une heure, puis progressivement vous augmenterez le temps.

Pour un déménagement le Golden sera stressé, n'hésitez pas à lui parler pour le rassurer.

Les situations de stress amènent des comportements en réponse qui en général sont le pipi et le caca chez vous, la destruction, et parfois le développement de l'agressivité. Rarement - mais cela existe - il y aura apparition de névroses et de pathologies psychosomatiques.

Un changement de maître prend au minimum un an à un Golden pour se réadapter et il gardera des séquelles. En général ce sera une peur de l'abandon très prononcée. Vous pourrez difficilement le laisser seul.

Un Golden agressé qui change de famille demande deux ans d'adaptation, et sachez que la cicatrice restera. Il sera toujours anxieux.

Tout cela ne doit pas vous faire peur de cette race, mais vous permettre au contraire de bien la connaître pour en profiter sereinement. Le Golden est beau, sociable, aimant, sans agressivité, c'est un chien de famille idéal.

- À PROPOS DU MAÎTRE -

Le maître doit veiller à ce que le chien ait la place qu'il doit avoir dans la famille. La famille devient pour le chien la représentation de la meute. Le rôle du chien dans le clan est important et c'est au maître de fixer la hiérarchie. Le chien au début essayera de s'imposer comme le chef. Même un Golden !

La majorité des problèmes de comportements canins viennent de ce que le chien n'est pas à sa place au sein de la famille.

Le maître, doit apprendre à interpréter intelligemment les codes de communication du chien qui de son côté cherchera à interpréter les codes, du maître voir à les anticiper.

Si vous avez des enfants, il est indispensable de leur apprendre les positions d'apaisement du chien. Aussi il faudra leur expliquer les limites de l'interaction avec le chien. Dans tous les cas, vous devez surveiller les enfants lorsqu'ils sont avec un chien, aussi doux et gentil soit-il en apparence, vous connaissez maintenant les gênes du chien.

Le maître doit toujours veiller à la qualité des professionnels qui l'accompagne. Dans un club les personnes bénévoles qui assurent l'éducation canine doivent être diplômées.

Je définirais les qualités du maître ainsi : calme, passion, amour, rigueur.

LES SIGNES D'APAISEMENT

Les signaux d'apaisement sont les canaux utilisés par le chien pour communiquer.

Le bâillement est l'un des signaux d'apaisement les plus courants et les plus fréquemment utilisés par le chien. Le chien baille avant tout pour se calmer lui-même. Il s'agit donc plus d'un signe d'auto apaisement, voire de relaxation. Bâiller permet au chien de se détendre.

Si le chien tourne la tête légèrement de côté quand vous le fixez dans les yeux, il signale qu'il ne veut pas de confrontation. Le fait d'être fixé dans les yeux est interprété comme un défi par les animaux. Le chien tournera probablement sa tête, lorsque vous serez en colère.

Se lécher les babines : Est un signal utilisé fréquemment dans des situations tendues. Il sera très souvent précédé d'un autre signal d'apaisement, tel que le bâillement, détournement de tête ou sentir le sol. Attention si le chien n'enchaîne pas c'est qu'il vous fait face.

Le reniflement de la terre : cette attitude est souvent vue lors de la rencontre entre deux ou plusieurs chiens, ou à l'approche d'un congénère. Également dans les endroits bruyants ou encore devant des objets inconnus.

Uriner : nous prenons souvent ce comportement comme un marquage alors que le chien tente d'apaiser quelqu'un ou de s'apaiser lui-même. Il ne faut pas le punir pour cela. Si ce comportement est associé à un détour, alors le chien à peur. Le simple fait de prendre un ton plus enjoué fera cesser ce comportement.

Se gratter, se secouer : dans une situation qui les met mal à l'aise, ou si le chien arrive dans un endroit inconnu, ou vit une situation nouvelle, vous verrez très fréquemment un chien se secouer ou se gratter.

Il est très probable qu'à l'approche d'une personne inconnue ou stressante de par sa posture physique, le chien se retourne et se gratte, ou se secoue juste après le premier contact. Cela sert à son propre apaisement ou à l'apaisement des vis-à-vis. Attention si le chien n'enchaîne pas c'est qu'il va faire face.

Marcher lentement : est un signal typique d'apaisement du vis-à-vis. Le chien est mal à l'aise et cherche à vous calmer. Le chien peut également faire cela lorsque vous l'attachez ou à chaque fois que vous le rappelez. C'est une position qui indique qu'il n'aime pas quelque chose et il vous le reproche. Il n'y a aucune agressivité dans ce signal.

Se déplacer au ralenti : à pour but de calmer quelqu'un. Le chien le fait souvent en détournant le regard ou en levant la patte, avec un air mal à l'aise. L'homme interprète souvent mal cette attitude et s'énerve encore plus lorsque le chien traîne derrière lors de la marche au pied ou revient très lentement. Pourtant, plus nous allons appeler le chien de façon insistante, voire énervée ou agressive et plus il va ralentir. Il y a lieu de porter une attention toute particulière à cette attitude lors des cours d'éducation… il se peut que le chien soit fatigué et vous le montre de cette manière. Il pourra arriver en faisant un (des) détour(s)

Si lorsqu'il est en laisse votre chien souhaite faire un détour à l'approche de quelque chose d'inquiétant pour lui. (homme/animal/objet), mais pas forcément pour vous, laissez le faire. Les chiens ne s'approchent jamais des étrangers de face, cela est considéré comme une menace dans leur langage. Faire des détours face à un congénère ou un humain, permet au chien de montrer qu'il n'a aucune mauvaise intention envers lui. Attention de lire ce code car en son absence cela indique sue le chien souhaite l'affrontement.

S'asseoir : si votre chien s'assied systématiquement lorsque vous lui demandez de vous obéir, il faut impérativement prendre un ton moins menaçant pour interrompre clairement l'agression, le stress ou la peur.

Se retourner : le chien tourne le dos à l'objet ou la personne qui le menace pour montrer qu'il n'a aucune intention agressive, et il fait de même si le comportement de son vis-à-vis le dérange ou l'inquiète. Selon la situation, il peut également le faire pour montrer son manque d'intérêt, voire son dédain face à quelqu'un. L'humain peut facilement reproduire cette attitude en se retournant lorsqu'un chien lui saute dessus, et ainsi lui montrer que cette attitude le dérange.

Se mettre sur le dos : si le chien se roule sur le dos en exposant son ventre et sa gorge et qu'il a les oreilles couchées en arrière, la tête sur le côté, les yeux à moitié fermés, le front lisse, ainsi que la queue ramenée sur le ventre, il s'agit d'une attitude de soumission absolue.

Sternum à terre - fesses en l'air : c'est une attitude de demande de jeux.

Pour avoir une communication avec leur entourage direct, les chiens ont un langage essentiellement corporel, à travers lequel ils utilisent la posture du corps entier, les oreilles, la queue, la tête, le regard et les mimiques faciales. En additionnant et combinant les signes avec lesdites parties de leur corps, ils vont demander un contact social, faire un appel au jeu, reconnaître un supérieur hiérarchique ou encore menacer.

Malheureusement, la plupart des maîtres interprètent souvent à tort le langage corporel du chien et le comparent aux attitudes humaines.

Le fait de pouvoir décoder correctement les messages évitera les incompréhensions.

Apprendre à comprendre le langage de votre chien

entraîne des qualités tout à fait nouvelles et des plaisirs insoupçonnés dans votre relation avec votre chien.

Il est très important de toujours garder à l'esprit qu'il s'agit d'une interprétation de leur langage, et qu'en aucun cas, on ne peut être convaincu de l'exactitude des déductions. L'humilité et le respect sont donc de mise, avant de tirer des conclusions trop hâtives.

Enfin sachez que le chien qui émet des signaux d'apaisement ne se sentira pas en sécurité et cela peut l'amener à son dernier recours, à savoir une réaction défensive pour se protéger (morsure).

Les signaux d'apaisement ont pour but de diminuer et de prévenir l'agressivité, le stress et la peur. Ils permettent l'installation d'une relation de confiance, de sécurité et de compréhension mutuelle entre l'humain et son chien.

CHOISIR SON CHIOT

La première chose à savoir, est de savoir soulever un chiot, car c'est fragile un chiot. Pour porter un chiot, passez un bras entre les 2 pattes avant du chiot et, avec l'autre bras, maintenez son corps contre vous. Ainsi il se sent en sécurité ; car un chiot déteste sentir le vide au-dessous lui et s'il se débat vous allez le blesser.

Un chien vous engage pour une période variant de 10 à 15 ans, aussi ne faut-il pas prendre son choix à la légère.

Il faut en premier lieu bien choisir la race qui conviendra à votre façon de vivre. Tenez compte entre autres de votre emploi du temps, de votre cercle familial et des possibilités de votre logement ainsi que de votre environnement de vie.

Soyez ensuite conscients qu'un chien est une entité à part entière, avec son patrimoine génétique. Maintenant vous connaissez le Golden avec ses instincts, ses particularités physiologiques, physiques et intellectuelles.

Je vais faire des grincheux, mais un chien ne s'achète pas en animalerie, et surtout pas chez un particulier qui aurait de magnifiques chiots sans LOF.

Je suis désolé pour les marchands du temple mais les problèmes arrivent à la grande majorité chez les chiens qui ne correspondent pas au standard de la race. Eh oui, le LOF est une garantie génétique.

Un chien dominant cela n'existe pas. Le chien réagit à un phénomène de meute, il ne sera jamais dominant ou soumis, il évoluera dans une palette de comportements en fonction du contexte.

Par contre un chien peut avoir plus ou moins de caractère et c'est très différent car l'éducation jouera alors pleinement son rôle.

Vous devrez visiter le site du Club de la race. S'il y a une portée elle sera annoncée sur le site.

Vous devrez visiter l'élevage, il ne faudra pas décider avant, et surtout pas par téléphone. Vous téléphonerez pour une visite.

Lors de la première visite de l'élevage, faites confiance à votre instinct, soyez observateurs, questionnez l'éleveur. Avec ce livre vous saurez déjà beaucoup de choses. Vous allez vivre quatorze ans, avec votre compagnon. Voyons, c'est sérieux. C'est très intime.

Pour choisir votre chiot il y a le test comportemental de Campbell, élaboré par le psychologue William Campbell à la fin des années soixante, qui a été créé pour prévoir les tendances comportementales des chiots soumis à l'attraction, aux ordres et à la domination de l'homme.

Son but est d'aider un acquéreur à choisir, à l'intérieur d'une portée, le sujet le plus adapté au milieu et à la famille dans lesquels il est appelé à vivre.

Le test de Campbell est très utile si l'on n'attend pas d'autres résultats que ceux prévus à l'origine par ce test : ce n'est ni un test d'intelligence ni un test d'aptitude, et l'on ne peut donc pas considérer qu'il va nous fournir des indications allant dans ce sens.

Le test se fait entre quarante à cinquante jours, il dure une demi-heure. Il faut choisir un lieu isolé, tranquille, n'offrant aucune distraction, et clos. Il doit y avoir une entrée parfaitement identifiable. Il est indispensable que ce lieu, situé à l'extérieur ou à l'intérieur, soit absolument inconnu du chiot.

Le futur propriétaire du chiot doit le test, pas l'éleveur. Le test permet de mesurer le futur lien chien - Maître.

Si l'éleveur vous dit qu'il a déjà soumis la portée au test, demandez-lui gentiment l'autorisation de le refaire vous-même. S'il refuse, à vous de juger l'éleveur. Sûrement sa notoriété est surfaite. Méfiez-vous des éleveurs qui refusent, ce n'est pas eux qui gèrent la SPA.

Vous prenez vous-même le chiot que vous envisagez et vous le conduisez dans la zone choisie pour le test. Cette zone est évidemment convenue avec l'éleveur.

Vous ne devez pas parler au chiot, ni l'encourager, ni le caresser. Si le chiot fait ses besoins pendant le test, ignorez la chose et ne nettoyez l'endroit que quand le chiot sera parti.

Attraction sociale : Posez délicatement le chiot au centre de la zone de test et éloignez-vous de quelques mètres dans la direction opposée à celle de l'entrée. Accroupissez-vous ou asseyez-vous en tailleur et tapez doucement dans vos mains pour attirer le chiot, le chiot doit vous rejoindre.

Aptitude à suivre : Partez d'un point situé à proximité du chiot et, éloignez-vous de chiot en marchant normalement. Le chiot doit vous suivre tout de suite.

Réponse à la contrainte : Accroupissez-vous, retournez délicatement le chiot sur le dos et maintenez-le dans cette position pendant 30 secondes environ en laissant votre main sur sa poitrine. Le chien se rebelle puis se calme et vous lèche.

Dominance sociale : Baissez-vous et caressez doucement le chiot en partant de la tête et en continuant par le cou et le dos. Le chiot se retourne et vous lèche les mains.

Dominance par élévation : Prenez le chiot sous le ventre en croisant vos doigts, les paumes des mains vers le haut. Soulevez-le légèrement du sol et maintenez-le ainsi pendant 30 secondes environ. Le chiot se rebelle puis se calme et vous lèche les mains.

Le test complet est modulable, en fonction des réponses, mais je vous ai donné les meilleures réponses du chiot.

Certains chiots ont tendance à réagir d'une façon

dominante et agressive et pourraient même mordre. Ils ne conviennent pas à des enfants ou à des personnes âgées.

Certains chiots ont tendance à dominer et à se distinguer, sans toutefois atteindre des excès une éducation douce et cohérent sera impérative. Ils ne sont pas recommandés dans les familles où vivent déjà des enfants en bas âge ou d'autres chiens du même sexe.

Certains chiots, sont extrêmement soumis, devront recevoir beaucoup de douceur et de gratifications pour avoir confiance en eux et parvenir à s'adapter le mieux possible au milieu humain. Ils cohabiteront difficilement avec des enfants.

Le chiot a répondu comme je vous l'ai indiqué, il peut s'adapter partout, même s'il y a des enfants ou des personnes âgées. Il a un degré élevé de docilité.

Maintenant vous pouvez réserver votre bébé. Vous poserez une option ferme et vous donnerez un acompte.

Une femelle ou un mâle. Un mâle ou une femelle ? C'est au choix. Considérez qu'un mâle à plus de caractère est inexact, chaque chien est influencé par ses gènes et son environnement. Les gènes sont connus si vous prenez une lignée avec un LOF, ce sera à vous de créer l'environnement adéquat.

Aujourd'hui un mâle peut recevoir une vasectomie, et en général les femelles être stérilisées chimiquement avant les menstruations.

Vous viendrez voir l'évolution de la portée lors d'une deuxième visite dès que les chiots auront soixante jours. Vous pourrez vérifier que le chiot est toujours équilibré, simplement en faisant quelques jeux. Soulevez-le, appelez-le, grattez-le, tous vos gestes seront d'abord un peu refusés puis acceptés. S'il y a un problème là, alors entre les deux visites, l'éleveur a rencontré un problème.

Voilà cher lecteur, vous choisirez votre Golden en connaissance de cause.

Concernant les tares oculaires qui parfois touchent le golden, avant l'achat d'un chiot il est indispensable de demander le certificat de dépistage de ces affections chez les deux parents. C'est une sage précaution. Là aussi c'est un point pour comparer les éleveurs. si l'éleveur élève la voix et dit « moi je ne fais pas ça » à vous de juger…

L'ARRIVÉE DU CHIOT

Avant de voyager, vous avez réglé les dernières formalités, et vous avez été particulièrement attentifs aux vaccinations. Vous avez un carnet de santé, un Livret des Origines Familiales, et une facture.

Pour votre voyage, sachez que le chiot est un être fragile qui va pour la première fois vivre ce qui est pour lui un drame. Alors soyez compréhensifs envers votre chien.

Vous ferez une halte par heure. Vous avez de l'eau, une gamelle, du papier absorbant, deux serviettes, une vieille chemise à vous.

Pourquoi vous demandez-vous ? Eh bien la chemise va beaucoup servir plus tard car elle sera imprégnée de votre odeur, et deviendra une ancre pour le chien. L'éducation du chien de garde commence dès maintenant.

Lorsque le chiot entre à la maison, il faut qu'il trouve un coin prêt pour lui. Il aura un panier avec un tapis moelleux. S'il vous plaît éviter l'osier car le chiot va déchiqueter et engloutir des morceaux. Vous aurez prévu deux écuelles si possible en acier et des jouets. Il devra y avoir deux types de jouets, pour s'amuser, et pour travailler.

Je vous conseille la marque Kong car elle convient au futur chien de garde qui aura une belle mâchoire. Ne donnez pas de jouets en mousse ou en plastique que le chiot va détruire et dont il avalera des morceaux. Je préconise une balle ronde, une balle ovale et une barre en élastomère.

Le poids des chiens pèse sur leurs articulations non protégées par du poil, et cela engendre des calcites aux coudes des pattes. Pour cela optez pour un coussin de panier très confortable et si possible avec une housse lavable.

Il ne faudra pas donner ses jouets au chiot. Vous devrez attendre au minimum trois jours avant de jouer avec lui. Ensuite vous pourrez laisser à la disposition du chiot un os en cuir, mais attention aux calories.

Les autres jouets vous les garderez pour jouer avec le chien. Cette procédure est la base de l'éducation du chien de garde.

Le chiot en arrivant va devoir s'habituer à son chez lui et à sa nouvelle famille. Soyez patients, laissez le chiot prendre ses marques. Vous devrez attendre que votre chien soit en sécurité et se sente protégé.

À son arrivée, vous allez d'abord continuer les câlins. Puis doucement à son grès vous devez laisser le chien explorer sa nouvelle maison. À ce moment-là, il y aura peut-être un besoin urgent. Il faut faire comme si de rien n'était. S'il vous plaît ne montrez pas au chien que vous nettoyez, ne marquez pas le moment des besoins sinon vous augmenterez le temps que le chiot mettra à être propre. Et si vous avez un jardin, vous pourrez anticiper le moment du besoin urgent. Votre chiot sera très vite propre.

Le chiot fourrera son museau partout, laissez le faire pour qu'il puisse se familiariser avec son milieu. Comme il va à un moment faire une bêtise, votre première leçon d'éducation va commencer.

Vous devez savoir dire « Non » et de façon sèche. Pour un futur chien de garde c'est très important.

Ne vous inquiétez pas, si vous devez répéter. Pendant les deux premières semaines, c'est juste un « Non » que vous répéterez autant de fois que nécessaire. Surtout il ne doit pas y avoir de punition.

Ne vous précipitez pas au moindre gémissement du

chien, sous peine d'en faire un mauvais comportement.

Le chien vit sa vie, vous vivez la vôtre. Ce n'est pas le chien qui décide.

Éviter l'accident en apprenant à bien soulever le chiot, mettez une main sur la poitrine, mettez l'autre main sous les fesses.

Après une semaine, vous direz « Non » pas plus de deux fois. Si le chien continue, vous n'insisterez pas. Vous changerez de stratégie. Rappelez-vous c'est un futur chien de garde donc vous ne criez pas. Et vous ne touchez pas le chien.

Vous allez créer une ancre. Retenez que l'ancrage est une excellente technique. Vous allez associer l'ordre « Non » à un bruit. J'utilise une bouteille en plastique remplie de petits cailloux et bien bouchonnée. Vous lancerez la bouteille à droite ou à gauche du chien en donnant sèchement l'ordre « Non ». S'il vous plaît ce n'est pas un jouet mais un outil d'éducation, alors ne donnez pas la bouteille au chiot. Je dis à droite ou à gauche et suffisamment loin de lui. C'est juste fait pour détourner son attention. L'erreur sera de toucher le chien avec la bouteille car vous le rendrez peureux.

Le chiot devra rester une semaine dans sa maison avec sa famille. Il ne devra pas rester seul car il serait désorienté et stressé. Et malheureusement votre chiot répondra à sa façon à son déséquilibre.

Ensuite après une semaine, sortez et laissez le chien seul cinq minutes puis revenez. Félicitez-le, il n'a rien fait, il sera content de vous revoir. S'il a fait un besoin, ou une bêtise, faite comme si e rien n'était. Vous pourrez diminuer le temps, et mettre trois minutes.

En général nous commençons par cinq minutes, puis dix minutes, faites-le tous les jours, et augmentez la durée. Le chien n'a pas la notion du temps. Mais, il a peur de l'abandon. Alors transformez la notion d'abandon en attente positive. Plus tard, vous allez confier votre maison à votre chien. Alors ne loupez pas cette éducation de base.

À partir de deux semaines chez vous le chien devra sortir et là aussi vous devrez respecter une procédure. Pour sa première sortie le chien sera avec une laisse et un collier en cuir et surtout pas de collier étrangleur et encore moins de collier électronique.

Vous maîtrisez le premier commandement qui est le « Non ». Vous allez travailler l'« Au pied ». Vous vous rendez dans un endroit calme et vous allez apprendre au chien à marcher à côté de vous. Commencez par mettre votre chien à votre gauche, puis commandez « non du chien - au pied » et avancez la jambe gauche. Le mousqueton doit tomber librement, le chien doit avoir les épaules au niveau de votre genou. Le chien doit vous suivre mais pas vous devancer. Surtout allez-y doucement, vous ne corrigez pas le chien, vous lui apprenez. Ne vous inquiétez pas, il comprend.

Votre ordre sera toujours « non du chien - au pied » et vous ramènerez délicatement le chien en bonne position.

J'ai dit délicatement car c'est un chiot. Mais il a le droit de sortir, et en tout cas il ne doit pas apprendre un mauvais comportement. N'allez pas vous compliquer la vie, pour plus tard. Le chien est en apprentissage. Soyez compréhensifs. Avez-vous appris immédiatement ?

Pour l'instant limitez-vous à l'apprentissage de la marche en laisse. Et ne brûlez pas les étapes. Vous avez remarqué que nous avons commencé tôt son éducation.

Les sorties devront être progressives en durée et en complexité. N'exposez pas votre chiot au centre-ville un samedi aux heures de pointe.

Commencez par des balades en campagne, puis en ville dans un endroit protégé du trafic, puis petit à petit exposez le chien.

Tôt ou tard votre chien aura peur. S'il vous plaît n'ancrez surtout pas ce comportement. Faites comme si de rien n'était et continuez à marcher. Il ne faut jamais féliciter un chiot pour un comportement inadéquat.

Je vous résume ma méthode en deux points : l'ancrage et le renforcement positif. Rien d'autre jusqu'à six mois.

Quand on désire un peu de tranquillité à la maison, on peut utiliser un enclos pour chiot. Le chien doit avoir un repère, c'est son panier et : ou sa niche. Il doit de lui-même s'habituer à s'y rendre. C'est son coin, vous n'avez pas le droit d'y aller.

Vous devez aussi avoir une cage de repos. Il faut l'y habituer dès son plus jeune âge, en le mettant dedans.

Pour amener le chien à utiliser son panier puis à accepter sa cage de repos, il faut y placer au début un os à ronger, une friandise, son jouet préféré mais surtout sous le coussin la chemise qui a été utilisée pour l'arrivée du chien et qui porte votre odeur.

L'ancrage olfactif est une façon de rassurer le chien. Vous voulez l'habituer à rester seul un moment dans la voiture, à l'hôtel, chez des proches, chez des amis, il faudra utiliser l'ancrage olfactif pour que le chien reste serein. Bien entendu l'apprentissage est obligatoire, c'est de l'immersion puis de la répétition. Donc apprenez au chien, puis répétez.

Prenez votre temps, le chien apprend très vite, mais ce n'est pas un robot et parfois il fait son caractère. Dans ce dernier cas restez gagnants en n'insistant pas.

Le chiot ne devra jamais être dérangé lorsqu'il se trouvera dans son coin. Le chiot doit avoir à boire en permanence. Lorsque je me déplace je pense à amener de l'eau pour le chien. Un chien boit beaucoup, et de l'eau saine et propre.

Le chiot mange à heure fixe une ration prévue et si possible une alimentation de qualité. Il a 20 minutes, puis vous enlevez la gamelle.

J'utilise personnellement des croquettes bios. Ne donnez pas en dehors du repas.

Pour les friandises, vous devez comprendre qu'elles sont nécessaires à l'éducation du chiot et plus tard du chien. Je me répète il faut travailler en renforcement positif. Donc la récompense est un outil d'éducation. Seulement la récompense est calorique. J'utilise du cœur de bœuf qui est une friandise sans gluten, sans sucre, sans sel.

Il est important de commencer très jeune à habituer votre chiot aux soins quotidiens : oreilles, yeux, brossage…

On peut croire que votre chiot est équipé de piles longue durée, mais il a besoin de beaucoup de repos pour grandir. Plus votre chiot est grand, plus il est enclin à des problèmes d'articulation, et les jeunes chiens peuvent développer des problèmes graves s'ils font trop d'exercice.

Attention aux exercices violents, aux escaliers, aux courses rapides, aux randonnées trop longues, trop d'exercices peuvent nuire à sa santé.

Le chiot ne doit pas dépasser ses propres limites. Il faut être très prudent pendant sa croissance car il développe son ossature et trop d'exercices peuvent engendrer des problèmes d'articulations.   Limitez vos balades à 5 minutes au début et augmentez progressivement. Ne pas dépasser 30 minutes par séance jusqu'à 8 mois (la croissance rapide se produit entre 2 et 8 mois). Ensuite, continuez très graduellement jusqu'à ses 2 ans.

C'est important de ne pas confondre vitesse et précipitation, dans l'éducation d'un futur chien de garde.

Les chiots adorent jouer, mais ont besoin de beaucoup de siestes entre les jeux et les repas.

Ne faites pas jouer votre chiot/chien immédiatement après les repas il risque une torsion d'estomac qui est mortelle si elle n'est pas soignée immédiatement.

Les différents apprentissages du chiot. Voici un résumé des différents apprentissages du chiot au fur et à mesure de sa croissance. Les âges indiqués ne sont pas à prendre au jour près, mais approximativement autour de cette période :

La gestation dure environ 9 semaines. Pendant les 10 à 15 derniers jours de gestation, le fœtus possède déjà des compétences tactiles. Il réagit à la caresse du ventre de sa mère et aux stress que celle-ci subit, il est donc essentiel que la gestation de la mère se passe dans les meilleures conditions d'attention, de calme et de sérénité. D'où les visites que je conseille à l'élevage.

De la naissance à 15 jours c'est la période néonatale. La maturation du système nerveux n'est pas terminée à la naissance des chiots. Les fibres nerveuses vont progressivement s'entourer d'une gaine lipidique, la myéline, qui facilite le passage d'influx nerveux. La myélinisation des cellules nerveuses et des neurones permet la circulation de l'information jusqu'au cerveau et du cerveau aux membres. Le chiot est sourd, aveugle et incapable de se mouvoir, il passe le plus clair de son temps à dormir. Le réflexe de frisson thermique n'existe pas dans les premiers jours, ce qui explique que les chiots dorment en amas la première semaine, puis en parallèle lorsqu'ils commencent à bouger les pattes antérieures (grâce la progression de la myélinisation de la colonne vertébrale). Le chiot est totalement dépendant de sa mère qui le nourrit, le protège, le nettoie par léchage en stimulant l'élimination et ingérant ses excrétions. On notera l'apparition du réflexe de fouissement, il cherche à enfouir sa tête dans des endroits bien chauds, et du réflexe labial ou il essaie de téter tout ce qui s'approche de ses lèvres, mais aussi du réflexe périnéal (il fait ses besoins quand sa mère lui lèche le ventre et le périnée).

Je conseille de prévoir dès la naissance des petits, une pièce d'éveil avec des sons variés, des jouets de différentes textures, des tissus, des morceaux de bois, et tout autre objet, pour les familiariser aux ustensiles inconnus et favoriser leur stimulation sensorielle. Demandez à l'éleveur, c'est un moyen de sélection des éleveurs.

De 15 jours à 3 semaines : période de transition. C'est la phase de développement des sens, le chiot ouvre les yeux (entre le 10e et le 14e jour), entend (entre le 14 et le 21e jour), et sursaute au bruit (réflexe de sursautement) à la 3e semaine. Les chiots se dirigent vers les sons et la lumière. L'apprentissage de groupe commence, c'est la socialisation primaire. C'est aussi le début de l'apprentissage du comportement de communication avec les premiers aboiements, grognements, jappements.

Le comportement exploratoire (d'investigation) débute lui aussi, avec un pic paroxystique vers le 23e jour. Vers la 4e semaine : le chiot passe à la phase exploration et identification de l'environnement. C'est le moment des apprentissages essentiels : acquisition des autos contrôles comme l'inhibition de la morsure (les cris du mordu font lâcher le mordeur), la hiérarchie, les jeux.

Attention : si les chiots sont séparés de leur fratrie à ce moment-là, on risque un mauvais contrôle de l'inhibition de la morsure, un apprentissage incomplet des règles sociales et un hyperattachement. L'attachement excessif peut conduire à former des chiens incapables de rester seuls, par exemple. Voilà des informations qui vous permettront de juger un éleveur, il ne faudra pas hésiter à le questionner.

La 5e semaine est la période de l'apprentissage de la hiérarchie par appréciation de la gestion de l'espace et de la disponibilité de la nourriture : le chiot constate qu'il ne peut manger que lorsque tel individu a terminé, ou qu'il n'a pas le droit de prendre la friandise d'un individu qui lui est supérieur…

La phase d'aversion débute elle aussi après cinq semaines, le chiot fuit les personnes inconnues et il a tendance à craindre les nouveautés. Les nouvelles espèces découvertes peuvent être considérées comme ennemies

J'espère avoir été complet, je suis certain que vous avez tous les atouts pour bien choisir votre chiot.

LA PROPRETÉ DU CHIOT

Pour votre chiot, la propreté signifie naturellement de ne pas faire sur les lieux de couchage et de nourriture.

Le chiot doit donc comprendre la propreté autrement.

Pour faciliter l'apprentissage vous devez respecter quelques règles.

Distribuez la nourriture à heure fixe si possible jamais le soir tard.

Laissez manger le chien seul au calme et lui retirer sa gamelle vingt minutes après la lui avoir donnée. Qu'elle soit vide ou pas.

Toujours laisser l'eau propre disponible.

Sachant que le chiot se soulage après l'ingestion de nourriture, sortez-le à ce moment-là.

Un chiot dort beaucoup, il va donc se reposer de nombreuses heures et souhaite se soulager presque automatiquement à son réveil. Sortez-le juste à ces moments-là.

Un chiot de 8 semaines ne peut pas se retenir plus d'une heure ou 2 dans la journée, 3 ou 4 heures la nuit, donc soyez patients. Comptez les heures et sortez le chien.

Il ne faudra pas attendre de lui une réelle capacité à se retenir plusieurs heures avant l'âge de 6 mois.

Vous devez sortir le chien, après les siestes, les repas ainsi qu'après les séances de jeux.

Le chiot parfois va naturellement se soulager dans la maison, surtout ne le punissez pas. Mais n'ancrez pas ce mauvais comportement. Faite comme si de rien n'était.

Sortir le chiot souvent et dès son plus jeune âge est une évidence.

Au début choisissez de le conduire en laisse dans des endroits tranquilles et propres.

Les endroits bruyants, très fréquentés de gens et de congénères sont à proscrire.

Il est conseillé de sortir le chiot avant ses 3 mois. Le risque infectieux est minime. Par contre pour son éducation c'est génial. Il deviendra plus vite équilibré et capable de faire ses besoins en laisse où que vous alliez.

Et même si votre chiot dispose d'un jardin, cela ne dispense surtout pas de le sortir dans la campagne.

Enfin pas de fixation sur la propreté, elle viendra entre six et huit mois.

Tordons le cou à une idée répandue : on ne met pas le museau du chien dans sa merde ! c'est insensé. Vous n'aurez jamais un chien équilibré avec ce genre de méthode. À l'inverse le chien finira par devenir craintif, car la punition l'attend à tout bout de champ.

LA VIEILLESSE DU CHIEN

Avoir un chien c'est être attentif aux signaux qu'il vous envoie. Graduellement moins beau, moins actif, moins présent, l'animal âgé est plus fragile qu'un jeune adulte et doit donc faire l'objet d'observations et d'attentions toutes particulières.

Le regarder vivre et se déplacer, le palper, noter tout changement pour reconnaître ses déficiences progressives, aide à vite déceler l'apparition d'une maladie liée au vieillissement.

L'allongement du temps de repos et de sommeil, est normal, et ne devra donc pas être une inquiétude.

Mais lentement l'animal peut venir à souffrir dans sa locomotion, s'essouffler, mal entendre ou mal voir.

Le cerveau est concerné par le vieillissement. Son inévitable dégénérescence entraîne et accompagne progressivement des troubles de l'humeur et du comportement.

Les signes du 3e âge se voient donc sur le plan physique, psychologique et comportemental.

Un nouveau compagnon lui serait-il profitable ? Il vaut mieux s'abstenir d'amener « dans les pattes » d'un chien ou d'un chat senior, un chiot turbulent par nature, qui risque de le bousculer et l'épuiser avec sa vitalité débordante et ses mordillements.

Mais, et c'est mon expérience, si l'on introduit un jeune animal dans le groupe familial en début de phase senior quand le chien est encore bien actif, alors c'est bénéfique pour les deux.

Le jeunot va faire maints apprentissages par imitation avec son « vieux copain » mais les mauvaises habitudes et les bonnes habitudes seront transmises.

Stimulés, mes chiens seniors ont toujours retrouvé une seconde jeunesse, mais j'ai veillé au grain, en étant juste.

Votre chien ne passe plus son temps qu'à dormir et semble devenir comme plus « mécanique », à n'être plus intéressé que par sa gamelle et l'heure des sorties il faudra devenir encore plus indulgent pour l'accompagner jusqu'à sa fin. Maintenir son vieil animal en vie dans le confort jusqu'à sa mort, c'est formidable. C'est cela être un maître responsable.

Mes vieux chiens se sont tous mis à déambuler et à donner l'impression de se « perdre » dans leur environnement habituel, mais j'ai toujours laissé faire, et aider mes chiens à mieux vivre leur 3e âge. Des visites régulières chez le vétérinaire, s'imposent à « l'âge mûr » sachant qu'aucun traitement ne pourra jamais rajeunir un vieil animal, mais souvent lui assurer une qualité de vie plus optimale.

Veiller à lui ménager une place de repos plus moelleuse et plus au calme, car tout en gardant le contact avec la vie de famille, l'animal a besoin de plus longues périodes de sommeil. Sans le reléguer, il faut le protéger notamment de l'agitation.

La perte d'appétit ou au contraire la boulimie, l'incontinence nocturne, des constipations en alternance avec des diarrhées sont autant de points de repère de l'affaiblissement des fonctions vitales de l'organisme de l'animal. À ce stade, il fait échanger avec le vétérinaire.

Eh ! Oui, ils vieillissent ! ils ont alors besoin de nous. Soyons présents. Aidons-les. Alors je vais vous donner des trucs :

Par temps doux, un brossage précautionneux adapté une fois encore aux raideurs, douleurs, ou imperfections de la peau, est bénéfique. Il permet la surveillance de grosseurs, de présence de parasites nuisibles, tout en maintenant le contact corporel et la tendre complicité avec un animal, que ses facultés sensorielles diminuées isolent un peu.

Maintenez une activité modérée avec votre vieux chien, et pas de « retraite brutale » à celui qui sortait avec son maître sous prétexte qu'il n'est plus performant.

Veiller plus souvent au niveau d'eau de la gamelle d'un animal dont la soif est augmentée (sans chercher à réduire sa consommation, sous prétexte de mictions plus fréquentes).

Certains facteurs influent sur la longévité de nos chiens. Le code génétique bien sûr, mais spécialement tout le soin que l'on a pris d'eux dès leur jeune âge, pour leur assurer une bonne condition physique et psychique.

RÈGLES POUR L'ÉDUCATION

Il ne faut jamais toucher le chien. Ce n'est pas une question de taille ou de poids mais de caractère. Un chien peut mal interpréter une action ou un ordre, où être un jour mal luné.

J'entends par toucher, vouloir imposer une position. Vous pouvez le caresser, l'embrassez, mais il ne faut jamais le forcer à prendre une position.

Nous n'utiliserons pas de collier électronique et encore moins pour chien avant 18 mois (sauf cas particulier et exceptionnel à voir avec un éducateur breveté) et très peu le collier étrangleur en fait uniquement pour l'apprentissage de la marche au pied si nécessaire. Nous utilisons le harnais de type professionnel si possible. Tout simplement c'est plus aisé pour le chien et moins dangereux pour le cou.

Il existe, de bons et de mauvais éducateurs, d'excellents clubs et d'autres qui sont infectes. Tout d'abord ne vous engagez pas sans avoir au préalable participé à une journée portes ouvertes du club, et sans avoir suivi une leçon gratuite. Je vous invite à vérifier les diplômes des éducateurs.

Le chiot et le chien sont deux réalités différentes, et nous devons parler d'apprentissage pour le chiot et d'éducation pour le chien. Bannissez le mot dressage. Vous a-t-on dressés quand vous étiez enfants ?

Pendant le jeune âge, la psychologie du chiot est complètement différente. Le chiot réagit à des stimulations de façon différente du chien.

Il faut souligner que la construction mentale d'un jeune chien est comme une éponge prête à absorber des millions d'informations qui seraient difficilement reçues par un chien adulte.

Un chiot ne doit pas travailler plus d'une demi-heure par jour jusqu'à six mois, ensuite la charge augmente.

Commencer l'éducation du chiot tôt. Mais respectez cette règle, il faut travailler souvent mais pas longtemps. Surtout le travail pour le chiot est basé sur le jeu et le plaisir.

Autrefois, on avait l'habitude d'attendre l'âge d'un an, pour commencer à éduquer son chien. Le bon âge pour apprendre est dès trois mois, même s'il faut adapter les programmes aux possibilités d'un esprit en plein développement.

Le jeune âge, chez le chien, est aussi celui de l'apprentissage des hiérarchies. L'avantage de l'éducation en club est que le chien est en contact avec d'autres congénères, c'est indispensable à sa socialisation.

Le chiot doit savoir d'instinct qui commande, à qui il peut se fier, qui il peut suivre et avec qui il peut tout simplement jouer. Il est préférable de passer par un club, ainsi le chien partagera avec d'autres chiens et vous avec d'autres maîtres ou maîtresses.

Vous avez choisi un chien et un club. Vous allez devoir encore vous investir. N'allez donc pas apprendre des techniques de travail à l'école du chiot pour en utiliser d'autres à la maison. Le travail d'éducation doit être de nature physique et intellectuelle.

Personnellement je considère qu'il doit être d'abord intellectuel. Un chien peut apprendre jusqu'à cent cinquante comportements. Je ne dis pas mot, car cela ne veut rien dire, c'est bien le comportement associé au mot qui est important.

Les gestes pour éduquer son chiot ne doivent pas être brusques, pour ne pas prêter à confusion et ne pas faire peur au chiot.

Le contact avec l'animal obéit à certaines règles. Des gestes de félicitations trop amples accompagnés de cris de joie peuvent provoquer chez l'animal une peur telle qu'il n'est pas près de recommencer ce qu'il vient de faire, même si vous en étiez très satisfaits.

Aussi vous devez dès le début savoir moduler votre ton de voix. La première règle avec un chiot est de récompenser un comportement attendu, et de faire comme si de rien n'était avec un comportement inadapté.

Un mot doit induire un comportement pour le chien. Il faut faire apprendre, faire répéter, puis faire associer le comportement à une attitude globale. Il s'agit de trois phases différentes.

L'apprentissage se fait en utilisant le jeu et la friandise. La répétition permet de travailler un comportement reflex. L'association va permettre au chien d'intégrer des enchaînements de comportements.

L'ÉDUCATION DE BASE -

L'éducation de base comprend, les positions de fixation, le stop et le rappel.

La procédure d'éducation sera identique. Prenons un exemple avec le comportement assis.

Vous choisissez le nom de l'ordre « Nom du chien-assis » et vous répétez l'ordre en vous positionnant à droite puis à gauche du chien.

Il ne faut surtout pas appuyer sur la croupe du chien, car le chien résiste et essaie de se relever. Même si par la force vous arrivez à le faire asseoir, il va ressentir cet ordre comme une contrainte et « Nom du chien-assis » deviendra une position de soumission. C'est une erreur grave d'éducation, qui engendrera des complications comme des comportements de crainte voir d'agressivité.

Il faut faire asseoir le chien sans aucune contrainte physique. Chaque fois que le chiot s'assoit de lui-même, dites « Nom du chien-assis » et félicitez-le en donnant une friandise.

Maintenant lancer une balle, vous verrez que le chiot s'assoit naturellement pour suivre votre geste du regard. Profitez-en pour lui dire « Nom du chien-assis » avant de lancer la balle. Recommencez, Félicitez oralement et par une caresse, puis donnez une friandise.

Après ce travail à la maison, vous allez travailler en club.

Le chien est debout, prenez une friandise et tenez-la au-dessus du nez du chiot. Il va lever la tête pour la regarder. Tendez alors votre bras vers la croupe du chien. Pour pouvoir regarder la friandise, le chien va lever la tête vers l'arrière. Continuez puis passé votre bras au-dessus de sa tête, le chien va s'asseoir. En moyenne il faut quatre à cinq leçons par position de fixation pour apprendre, ensuite le chien répétera ses gammes.

Chez vous à partir de maintenant le chien entendra l'ordre « Nom du chien-assis » régulièrement. Commencez par demander « Nom du chien-assis » lorsque vous donnez la gamelle. Ensuite demandez « Nom du chien-assis » avant de mettre la laisse pour la promenade. Soyez inventifs. Les occasions ne manquent pas.

Il ne faut pas donner d'ordres complexes pour le moment et encore moins d'ordres contradictoires, comme « nom du chien-assis — stop — pas bouger — au pied » c'est l'erreur la plus courante du débutant.

En club le moniteur demande un « Nom du chien-assis ». Vous répercutez l'ordre. Soyez patients mais par contre soyez exigeants, « Nom du chien-assis » doit être net avec une bonne position du corps. Vous avez un futur chien de garde soyez calmes, tranquilles, patients, et respectueux.

Pour l'ordre assis mettez une gourmandise vers le haut puis vous allez vers la croupe. En même temps vous donnerez l'ordre. Donnez la friandise et félicitez.

Pour le coucher mettez une gourmandise vers le bas devant la truffe puis vous reculez un peu. En même temps vous donnerez l'ordre. Dès le coucher donnez la friandise et félicitez.

Pour le debout mettez une gourmandise à hauteur de votre bras. Donnez l'ordre « debout » puis donnez la friandise et félicitez.

Pour le stop vous donnez l'ordre et vous vous arrêtez, le chien va vous imiter. Donnez la friandise et félicitez.

Si une position est mal comprise, vous revenez à une position assimilée avant, puis vous ressayerez.

Au fur et à mesure vous ne donnerez la friandise que si

c'est parfait.

Vous ne passez à la phase répétition que lorsque les positions sont acquises. Il y a quatre positions de fixation : Assis, Coucher, Debout, Stop. Souvent les clubs oublient « Nom du chien debout ».

Maintenant nous allons enchaîner les positions.

Vous marchez avec le chien à vos côtés, vous démarrez pied gauche en avant, et tous les cinq pas vous donnez un ordre différent. « Nom du chien-Assis » « Nom du chien Couché » « Nom du chien Debout ». « Nom du chien Stop ». Allez-y progressivement. Vous ne récompensez que le mouvement parfait. Le chien doit être dans la direction de la marche au moment de la fixation.

Vous allez tous les jours travailler ses positions deux fois 15 minutes (par exemple matin et soir), puis vous allez deux fois au minimum par semaine travailler en club.

Après deux semaines d'association sur les positions de fixation vous enchaînerez en rajoutant les demi et quart de tour (généralement oubliés en club).

Vous marchez avec le chien à vos côtés, vous démarrez pied gauche en avant, et tous les cinq pas vous donnez un ordre différent, et vous rajoutez les ordres « à droite » « à gauche » « demi-tour droite » « demi-tour gauche ». Allez-y progressivement. Vous ne récompensez que le mouvement parfait. Le chien vous suivra dans la direction que vous prendrez tout à fait naturellement.

Maintenant et seulement maintenant nous allons faire apprendre au chien un ordre complexe « Nom du chien - pas bouger ».

Vous marchez avec le chien à vos côtés, vous démarrez pied gauche en avant, et vous faites cinq pas vous donnez un ordre assis, puis pas bouger. Commencez à faire un pas. Redonnez l'ordre pas bougez. Revenez et donnez une friandise et félicitez.

Au début mettez-vous face au chien et reculez de deux pas en répétant pas bougez. Vous augmenterez le nombre de pas progressivement. Ensuite vous demandez le même ordre mais le chien est à côté de vous. Félicitez. Félicitez. Répétez. Répétez. Félicitez. Félicitez.

Vous allez tous les jours travailler ses positions deux fois 20 minutes (par exemple matin et soir), puis vous allez deux fois au minimum par semaine travaillez en club.

Ensuite vous continuerez par « Nom du chien - debout - pas bouger » en respectant la même procédure. Ne mettez pas la charrue avant les bœufs. Si le chien ne maîtrise pas assis, puis pas bouger n'enchaînez pas.

À partir de là, vous répétez pendant quinze jours. Il faut travailler tous les jours deux fois 20 minutes et allez deux fois en club par semaine (si possible sinon une fois au moins, ce sera seulement plus long pour l'assimilation en réflexes par le chien) (les jours de club il n'y a pas de leçon à la maison). Le club va permettre de confronter le chien aux sollicitations des congénères, aux bruits, aux gens…

Maintenant nous travaillerons l'ordre « Nom du chien - debout - pas bouger » et vous continuerez à marcher. Le chien doit rester ou il est. Faites deux pas. Puis dites « Nom du chien - Au pied ». Soyez patients. Ne faites pas plus de deux pas, ensuite vous augmenterez la distance (c'est le secret). Au plus vous allez vous éloigniez au plus le chien voudra vous suivre, donc commencez très prés, puis doucement augmentez la distance. C'est l'école de la patience et cela payera, croyez-moi.

Maintenant pendant deux mois, au minimum une fois par jour et une fois en club par semaine, le mieux deux fois par jour et deux fois en club semaine, vous allez suivre la procédure suivante.

Vous marchez avec le chien à vos côtés, vous démarrez pied gauche en avant, et vous faites cinq pas vous donnez un ordre assis, puis pas bouger. Commencez à faire trois pas. Redonnez l'ordre pas bougez. Appelez le chien une friandise et félicitez. Vous marchez, vous enchaînez un ordre différent tous les 5 pas. Svp n'oubliez pas le Stop. Travaillez 10 minutes, faites une pause, travaillez 10 minutes. Si possible laissez jouer le chien. Il faudra une laisse longue ou une longe pour le pas bougez.

Maintenant pendant un mois, une fois en club par semaine, le mieux deux fois en club semaine, vous allez suivre la même procédure mais sans laisse ni longe. C'est essentiel de suivre cette progression. Soyez patients, le chien fera des erreurs, ou fera sa caboche, vous continuerez. Ne félicitez pas un mauvais comportement.

Enfin et seulement maintenant nous allons travailler le rappel. Pourquoi ? Tout simplement car maintenant vous avez créé la relation avec le chien, il est habitué à travailler avec vous, vous êtes à présent formatés ensemble. Trop de clubs font le rappel trop tôt ! et surtout avant une marche au pied sans laisse qui est le fondement du lien entre le MAÎTRE et le chien sans lien physique.

Certains clubs n'apprennent que la conduite à gauche, c'est une erreur et le chien sera gêné pour des sports comme l'Agility.

Le rappel est un comportement essentiel. Le comportement se déclenche sur l'ordre « Nom du chien - au pied ». Ne commencez jamais le travail de rappel chez vous. Le risque que le chien aille courir ou il veut est réel.

En club le chien est équipé d'une longe tenue par un éducateur. Vous vous éloigniez de la longueur de la longe et vous donnez l'ordre « Nom du chien — au pied ». Le retour pourra se faire soit à l'anglaise « le chien tourne derrière vous et se positionne » ou il vient directement et se retourne. Il faut travailler les quatre positions de retour au rappel « Anglaise à gauche » « Anglaise à droite » « à droite » « à gauche ». Quand le chien est à mi-course, vous indiquez, avec votre bras à votre chien, comment se positionner. Pour passer par-derrière à l'anglaise vous devez faire une torsion du corps, la main du côté choisi tendu.

Le travail du rappel sera répété à chaque séance d'éducation, et à chaque sortie.

Vous allez apprendre au chien à rester en zone de surveillance avec le comportement associé à l'ordre « 5 mètres ». Dès que le chien dépasse la zone approximative de 5 mètres vous le rappelez avec l'ordre « 5 mètres ».

Ne lâchez jamais un chien en liberté avant un an et avant un rappel parfait que vous aurez testé en club et qui sera validé par un éducateur.

N'oubliez pas qu'avec une grande laisse le chien peut se balader. Attention, il faut un niveau parfait pour évoluer sans laisse et notamment un « Stop » immédiat parfaitement maîtrisé. Soyez vigilants et ne prenez aucun risque.

Pour l'éducation de base vous avez maintenant tous les outils en mains. C'est en forgeant que l'on devient forgeron. Cent fois sur le métier remettez votre ouvrage.

SOIGNER SON CHIEN

Pour garder un poil brillant, un brossage régulier est nécessaire. Le chien subit une mue deux fois par an (au printemps et en automne) en lien avec le changement de luminosité à ces périodes. Les chiens vivant en intérieur perdent leurs poils toute l'année avec des périodes plus fortes au printemps et en automne. Un chien à forte densité de poils, doit être brossé chaque jour pendant la période de mue.

Un Golden a besoin d'explorer plusieurs territoires. Qu'il vive en appartement ou en maison, il ne peut se contenter d'une simple sortie de 5 minutes pour les besoins. Rester bloquer dans un jardin n'est pas fait pour lui. Il lui faut donc une promenade quotidienne.

Les oreilles : vérifiez régulièrement la propreté des oreilles de votre chien. En cas de besoin il faut les nettoyer avec une lotion adaptée (vous les trouverez chez votre vétérinaire, en pharmacie ou en animalerie) en utilisant une "lingette" ou du coton. N'utilisez jamais de coton-tige, vous pourriez blesser votre chien en cas de mouvement brusque de sa part et de toute façon vous ne feriez que tasser les saletés dans le fond du conduit.

Les yeux : nettoyez-les régulièrement avec une lotion spéciale. Tout écoulement anormal doit être immédiatement signalé à votre vétérinaire.

Les dents : surveillez attentivement l'état d'entartrage des dents. Le tartre est responsable de problèmes graves tels que le déchaussement précoce, la mauvaise haleine, les abcès dentaires…

Pendant la croissance de votre chien vérifiez régulièrement sa dentition : ses dents de lait vont tomber lorsqu'il aura environ 4 mois. Cela peut passer de façon inaperçue car il va en avaler une grosse partie. En cas de doute sur le changement de dents de votre chiot, demandez conseil à votre vétérinaire.

Les griffes : en principe elles doivent s'user régulièrement avec la marche sur sol dur.

Bain : vous pouvez baigner votre chiot 8 jours après le premier rappel de vaccins. Utilisez toujours un shampooing spécial chien (animalerie et pharmacie) et prenez soin de bien le sécher après (attention au sèche-cheveux qui peut lui brûler la peau si vous le mettez trop près). Idéalement, l'eau du bain doit être tiède. N'abusez pas des bains.

Beaucoup de gens pensent que les Goldens sont plus sujets que d'autres à la dysplasie de la hanche.

En réalité cette malformation génétique peut toucher presque tous les chiens de taille moyenne ou de grande taille.

Les Clubs ont été les premiers à lancer l'alarme : cela a provoqué une panique.

Même si la veille a été lancée grâce à eux, encore une fois elle concerne tous les chiens de grandes de tailles. La Dysplasie de la hanche est une malformation ou déformation résultant d'une anomalie du développement d'un tissu ou d'un organe.

Les Goldens, à l'instar d'autres grandes races, sont sensibles à des problèmes osseux et articulaires (dysplasie) et parfois à des affections oculaires. Il existe une procédure de dépistage basée sur une radiographie des hanches. Il faut prendre garde à ce que les parents soient peu ou pas atteints. Le Golden Retriever dépasse souvent les douze ans. C'est un sportif doté d'une robuste santé. L'entretien du Golden Retriever est très facile. Il suffit de le brosser une fois car semaine.

Aujourd'hui, les meilleurs éleveurs n'utilisent pour la reproduction que des sujets non touchés par la dysplasie et classé A pour la reproduction. Des radios sont réalisées sur les reproducteurs en âge adulte pour faire de la prévention.

le chien ne sera pas reproducteur s'il est atteint.

Il existe un syndrome de dilatation torsion gastrique auquel vous devez faire attention. : C'est le retournement de l'estomac. Il arrive si le chien se met à l'effort après avoir mangé.

N'oubliez pas d' administrer un traitement anti-puces et tiques pendant les saisons chaudes ainsi qu'un vermifuge deux fois par an. N' oubliez la visite annuelle chez le vétérinaire pour son rappel de vaccin.

Attention le carnet de santé et le suivi médical sont obligatoires. En fonction des régions et des risques votre vétérinaire vous conseillera, d'autres vaccins peuvent s'avérer nécessaires ainsi que d'autres protections.

Une alimentation sous forme de croquettes de bonne qualité est recommandée afin de respecter les besoins nutritionnels du chien. Si possible faites confiance à votre vétérinaire car une bonne alimentation est indispensable.

Pour prendre soin de votre chien, il faut vous équiper avec : ciseaux, pince à épiler, seringue anti-venin, coupe griffe, attelle, canne télescopique. Attention, vous n'êtes pas vétérinaires. Il est utile de prévoir quelques médicaments chez soi et en déplacement pour assurer soins et gestes de première urgence.

Il faut : des compresses, du désinfectant, du sparadrap, des bandes, du savon de Marseille, un sérum physiologique pour les yeux, une crème antibiotique pour les plaies, de l'éther pour les tiques, un pansement intestinal pour les diarrhées. Vous faites de la randonnée, vous partez sur une nationale, organisée par la SCC ou par votre club. Vous voyagez en camping-car. Vous partez dans un gîte isolé. Alors vous devez rajouter : une boîte d'antibiotiques pour éviter les allergies, un anti-vomitif, une protection contre les puces, un vermifuge, une crème contre la maladie de la gale pour les oreilles et une crème anti-aoûtats.

Vous pouvez également constituer une pharmacie médicale en cas de troubles légers ou pour prendre les premières mesures d'urgence sachant qu'il vous faut consulter pour des symptômes qui durent. Voici les produits en fonction des différentes affections.

Pour les problèmes de peau il y a les antiseptiques représentés par l'alcool, la Bétadine, l'alcool iodé, le bleu de méthylène, l'eau oxygénée, l'éther ou la solution de Dakin. Attention Ces produits sont souvent irritants en solution pure. La dilution dépend du produit et de son utilisation ponctuelle. Le savon de Marseille est l'antiseptique le plus simple qui, utilisé correctement, est très efficace pour la désinfection des plaies diverses.

Une plaie infectée doit être savonnée, rincée à grande eau. On applique ensuite des antiseptiques, de l'alcool ou de la teinture d'iode. L'eau oxygénée est très utile pour rendre une plaie propre. Elle permet, en effet, d'ôter toutes les traces de sang. Les sprays antibiotiques s'utilisent pour éviter les infections locales.

Pour tous les autres problèmes de peau, il vous faudra un produit contre la gale à base de Lindane, un produit antimycosique pour la teigne en spray et en comprimés. Une lotion anti-inflammatoire vous permettra de lutter contre les allergies et eczémas divers.

Pour les troubles digestifs sachez que la diarrhée est fréquente chez les chiens. Il est indispensable que votre pharmacie comporte un pansement gastrique sous forme de poudre ou de gel. Un antispasmodique pour lutter contre les mouvements de l'intestin. Un antibiotique agissant sur les germes digestifs. Pour la constipation, de l'huile de paraffine sera parfaite.

Les antibiotiques sont obligatoires pour pallier toute infection. Une ordonnance doit toujours les accompagner. Concertez-vous avec votre vétérinaire en lui expliquant que vous vous déplacez souvent même le week-end et qu'il n'est pas aisé de trouver des urgences pour chien un dimanche après-midi.

LA SEXUALITÉ DU CHIEN

La maturité sexuelle du chien se produit autour du septième mois chez le mâle, et entre sept et dix mois chez la femelle. Par contre, le chien peut manifester des désirs sexuels dès l'âge de sept semaines, sous forme de jeux où l'accouplement est simulé. La femelle connaît des périodes de chaleurs ou œstraux, en général, tous les six mois. Il arrive que cet intervalle varie entre 4 et 8 mois. Ces périodes se produisent au printemps et à l'automne ; elles correspondent à l'ovulation et dure de 15 à 20 jours. La fécondation peut se produire entre le septième et le quatorzième jour. L'urine contient alors des phérormones qui attirent les mâles. La chienne a des segments généralement appelés menstruations, bien que le terme exact soit diapédèse. Il s'agit de globules rouges qui traversent la paroi. Si un mâle montre de l'intérêt, la chienne fera savoir son contentement en plaçant sa queue de côté, pour présenter son vagin.

Lors de copulation, un bulbe sur le pénis du chien se gorgera de sang. Le chien ne pourra se séparer de la femelle tant qu'il ne se désengorgera pas, cela peut prendre de 15 à 20 minutes. Attention, il est très important de ne pas tenter de séparation sous aucun prétexte cela risquerait de déchirer le vagin de la femelle.

Si vous voulez faire s'accoupler deux chiens, il est préférable d'emmener la femelle chez le mâle car ce dernier peut refuser de copuler en territoire inconnu ou s'il a peur. Il est à noter que le mâle est le seul à posséder un os dans le pénis, appeler os pénien. Il arrive qu'il y ait des cas d'homosexualité chez le mâle. Ce comportement est dû à une frustration sexuelle. Cette frustration peut provoquer de l'agressivité et des fugues. Chez la femelle, les fugues sont un peu plus rares, mais elle peut devenir surexcitée.

Une fois le mâle choisi, il convient de déterminer le moment propice de l'accouplement. On ne peut pas laisser les deux chiens ensemble en permanence sous peine d'épuiser le mâle ou de risquer qu'il se blesse (fracture du pénis suite à des tentatives de saillies brutales ; le pénis du chien contient en effet un os). Si le mâle est très disponible, on pourra les laisser ensemble entre le 11e et le 13e jour après le début des chaleurs. La saillie doit en effet se faire environ 48 heures après l'ovulation. Cette période correspond à la date moyenne idéale des chiennes.

Toutefois, il existe de grandes variations et le fait que la chienne accepte la saillie n'est pas forcément un signe de réussite.

L'idéal est donc de faire suivre les chaleurs de votre chienne par un vétérinaire, surtout si vous n'avez pas la possibilité de faire plusieurs saillies (si le mâle est loin) et si cette saillie vous coûte cher.

Le suivi consiste à faire des frottis vaginaux et des dosages sanguins hormonaux (de progestérone), afin de connaître précisément le moment de l'ovulation. Il est toujours préférable de déplacer la femelle plutôt que le mâle pour la saillie, afin que ce dernier soit en pleine possession de ces moyens. L'accouplement se déroule après une période de parade plus ou moins longue (mais généralement courte : le chien se contente de renifler la vulve de la femelle). Le chien chevauche la femelle, la pénètre, et commence à faire des mouvements de va-et-vient (10 à 20). Puis, il passe une patte au-dessus du dos de la chienne et se retourne : les chiens sont alors « collés » fesses contre fesses. C'est à ce moment que des mâles peu expérimentés peuvent se blesser (fracture du pénis) : faux mouvement, femelle qui cherche à s'asseoir.

Il est important par ailleurs de ne pas intervenir pendant cette phase sous peine de blesser les animaux.

L'accouplement dure généralement une vingtaine de minutes. Mais certains chiens sont plus rapides, sans que cela n'influe sur leur performance de reproducteur.

Après la saillie, une petite quantité de liquide peut couler de la vulve de la femelle.

Sachez enfin que certains vétérinaires sont habilités à pratiquer l'insémination artificielle. Elle permet de faire reproduire la chienne si la saillie n'a pas pu être réalisée ou d'utiliser de la semence congelée d'un mâle.

La Gestation a une durée très constante chez la chienne : 63 jours (+ ou -1 jours) après l'ovulation. Le diagnostic de gestation peut être fait précocement par une échographie dès le 25e jour environ. Il n'existe pas de dosages hormonaux chez la chienne (type test de grossesse chez la femme) car le profil hormonal est très variable d'une chienne à l'autre et est très proche que la chienne soit gestante ou non.

La radiographie ne peut être effectuée qu'à partir de 45 jours de gestation. Il est toutefois prudent d'attendre 50 jours pour être sûr de bien voir tous les fœtus et d'évaluer leur taille par rapport à celle du bassin de la mère, pour savoir si les chiots seront susceptibles de rester coincés lors de l'accouchement (ce qui reste très rare chez le chien).

Les mamelles commencent à se développer dans la deuxième moitié de gestation et le lait est présent une semaine avant la mise bas, deux à trois jours seulement lors de la première portée.

L'alimentation de la chienne pendant la gestation La future maman devra être nourrie avec un aliment équilibré, riche et digeste. Une alimentation industrielle bio sous forme de croquettes est la solution idéale si vous choisissez cet aliment, aucun complément minéral ou vitaminé n'est nécessaire.

Durant la deuxième moitié de gestation, il faut préparer la montée de lait, qui demande également beaucoup d'énergie et de sels minéraux. Des aliments industriels sont spécialement conçus pour couvrir les besoins des chiennes gestantes.

Il convient toujours de faire une transition alimentaire lorsqu'on modifie l'alimentation, pour éviter de déclencher une diarrhée. Il suffit d'introduire le nouvel aliment dans l'ancien régime, en augmentant progressivement la dose et en diminuant celle de l'ancien aliment sur trois ou quatre jours.

La période de mi-gestation est idéale pour pratiquer les rappels de vaccination, s'ils n'ont pas été effectués récemment. En effet, la mère pourra ainsi transmettre à ses chiots, via le premier lait (appelé colostrum), une grande quantité d'anticorps (qui permettent au chiot de se défendre contre les maladies).

Certains vaccins peuvent se faire pendant la gestation, demandez conseil à votre vétérinaire. C'est également la période idéale pour commencer un programme de vermifugation. La mère transmet à ses petits, dans l'utérus puis lors de la lactation, des vers qu'elle possède dans son corps des Ascaris en « attente » dans les muscles de la mère. Il faut donc vermifuger les mères pendant la gestation, ainsi qu'une semaine avant la mise bas, puis une semaine après la mise bas.

Il sera bon également de se débarrasser de tous les parasites externes (puces principalement) de la mère en la traitant une semaine avant la mise bas environ. Il faut utiliser des produits adaptés de qualité. Demandez au vétérinaire.

La chienne pourra, durant la gestation, conserver une activité physique, pourvu qu'on évite les efforts violents et le surmenage en fin de gestation.

Ne donnez jamais de médicaments à votre chienne durant la gestation sans l'avis de votre vétérinaire car de nombreux médicaments peuvent être néfastes pour les fœtus.

Demandez conseil à votre vétérinaire pour la

vermifugation de la chienne en gestation et pour l'utilisation de tout autre médicament

Le choix du reproducteur est essentiel. Il doit être LOF.

Si votre chienne est une Golden LOF (c'est-à-dire a un pedigree), vous pourrez produire des chiens de race. Il faudra tout d'abord prendre contact avec le club de race de votre chienne et vous déclarer selon la nouvelle législation depuis janvier 2016.

Un certificat de saillie devra être rempli et signé au moment de l'accouplement par les propriétaires des deux chiens ; il devra être envoyé sous 4 semaines à la Société centrale Canine pour que les chiots puissent être reconnus et avoir un pedigree (certificat de naissance).

Une ou deux semaines avant la mise bas, les mamelles gonflent ; la sécrétion lactée peut commencer dès cette date ou bien n'avoir lieu que la veille de la mise bas. Deux trois jours avant, la chienne est plus calme, a tendance à s'isoler et à manger moins. 12 à 24 heures avant, la température rectale baisse d'environ 1 °C. La musculature pelvienne et abdominale de la chienne se détend. Elle boit mais ne mange pas. 12 à 24 heures avant, la respiration devient plus rapide, la chienne creuse fébrilement, ronge et déchire sa couverture : elle se prépare une couche pour mettre bas.

À titre personnel, je choisis un bon élevage, et je leur indique les qualités de mes chiens, c'est-à-dire le classement de mes chiens en beauté en nationale d'élevage. Ensuite nous négocions.

À TABLE

Privilégié la qualité de nourriture c'est profiter d'un chien en bonne santé.

Vous devez nourrir votre chiot au début 2 fois par jour. Si le repas n'est pas consommé en vingt minutes, retirer la gamelle et refuser le grignotage entre les repas.

Ne tolérez jamais le museau du chien à hauteur de votre assiette (hygiène) ni le vol de nourriture sur la table : sanctionner si on prend le chien sur le fait en lui parlant sur un ton ferme « NON ».

Le golden, comme son cousin labrador, manifeste des problèmes récurrents d'embonpoint. Il est essentiel d'adapter son régime alimentaire à ses habitudes de vie.

Je conseille les aliments secs, tel que les croquettes bios. Mais cela est personnel.

L'alimentation industrielle met à la disposition des possesseurs de chiens des spécialités adaptées au poids, à la taille et à l'âge du chien. Elle propose également des aliments correspondant au niveau d'activité physique de chaque chien et à son état de santé.

La ration du chien doit être distribuée aux mêmes heures et au même endroit en le faisant manger seul dans un lieu isolé et calme de la maison, et toujours après ses maîtres.

L'eau est très importante, elle doit toujours être disponible. En cas de consommation excessive il faut consulter son vétérinaire.

Il existe principalement trois types d'alimentations, l'alimentation industrielle sèche, l'alimentation industrielle humide et l'alimentation "maison". Nous allons vous décrire ces alimentations en exposant leurs avantages et leurs faiblesses.

Sachez toutefois qu'il n'est pas recommandé de changer brutalement la nourriture d'un chien.

Il est convenu de l'habituer sous une période de 8 jours en mélangeant les deux types d'aliments.

On appelle alimentation industrielle sèche, l'alimentation à base de croquettes. La croquette est une boulette de pâte, de riz, de viande, de poisson, de légumes et de frite. C'est un aliment déshydraté qui demande une consommation d'eau importante. Il existe des croquettes pour tous les types de chiens selon leur morphologie. Au dos du paquet vous trouverez la ration à donner quotidiennement à votre chien. Les besoins quotidiens nécessaires à un chien adulte en activité sont totalement apportés par les croquettes. Elles garantissent une alimentation saine et équilibrée au chien en fournissant des nutriments préparés par des nutritionnistes vétérinaires et des spécialistes de l'alimentation canine.

Certains chiens n'apprécient pas les croquettes et refusent de les manger car ils ne les trouvent pas appétissantes. Si votre chien a goûté à un autre type d'aliments, il est possible qu'il délaisse sa gamelle en réclamant sa nourriture favorite. Vous pouvez mélanger les croquettes à de la viande ou les compléter par des aliments industriels humides afin de leur donner meilleur goût.

Les croquettes sont également un moyen important de lutter contre le dépôt de tartre grâce à leur effet abrasif. Les croquettes sont recommandées par les éleveurs et les vétérinaires.

L'alimentation à base de viande crue BARF signifie en anglais "Biologically Appropriate Raw Food" ce qui veut dire en français "Nourriture crue biologiquement appropriée". Le régime alimentaire BARF est une approche naturelle de l'alimentation du chien. Dans cette optique, le choix des aliments s'appuie sur le respect de la physiologie propre à l'animal. Le chien étant un carnivore, il convient de lui proposer une alimentation de carnivore, à base majoritairement de viande, d'os crus et d'abats. Ce type d'alimentation s'appuie notamment sur l'idée que les choix alimentaires des animaux sauvages sont guidés par leurs besoins biologiques. Dans la nature, les animaux choisissent instinctivement le régime le mieux adapté à leur métabolisme, choix que les animaux domestiques carnivores n'ont plus la possibilité de faire, tout simplement parce que c'est l'être humain qui subvient à leurs besoins quotidiens.

On appelle alimentation industrielle humide, la nourriture fournie dans les "boîtes" achetées dans les grandes surfaces. Les besoins quotidiens nécessaires à un chien adulte en activité sont totalement apportés par ce type d'alimentation. La garniture des boîtes est réalisée par des spécialistes de la nutrition canine qui garantissent grâce à leur produit une alimentation saine et équilibrée pour le chien. Les boîtes doivent être maintenues au froid sous peine d'intoxication alimentaire. Le prix de revient des boîtes est deux fois plus élevé que les croquettes

On appelle alimentation "maison", l'alimentation réalisée par vos soins. Il est indispensable de fournir au chien des aliments frais et de qualité. En dépit de l'amour des maîtres porté à leur bête, bien fréquemment la nourriture préparée est carencée en minéraux et vitamines. À l'inverse des croquettes et des boîtes, la quantité fournie est un réel problème car souvent le propriétaire verse une quantité approximative changeante d'un jour à l'autre ce qui est source d'obésité.

Les animaux comme les hommes ont besoin d'une alimentation équilibrée et saine afin d'être en bonne santé. Contrairement à ce qu'il est fréquemment pensé, ce type d'alimentation est plus coûteux que l'alimentation industrielle et nécessite une attention particulière.

Pourquoi certains goldens se montrent-ils si difficiles, boudant la nourriture que leur maître leur présente alors que d'autres avalent tout d'un simple coup de langue ?

Tout comme chez les humains, nous trouvons de gros et de petits mangeurs chez nos compagnons à quatre pattes. Il semble que l'attrait face à la nourriture soit, en partie tout au moins, sous influence génétique. On sait également qu'au moment du sevrage et jusqu'à la fin du troisième mois, il existe une phase sensible au cours de laquelle les chiots subissent toutes sortes d'influences et apprennent notamment à sélectionner dans leur environnement ce qui est comestible.

Un tel conditionnement évite à l'animal d'ingérer des choses qui pourraient lui être nuisibles. Ce phénomène peut expliquer qu'un chien refuse une nourriture qu'il n'a pas eu le loisir de goûter dans son jeune âge

En conclusion, les croquettes sont à préférer aux aliments humides et à une ration que vous pourriez cuisiner vous-même. En effet, les aliments humides présentent de nombreux désavantages, notamment concernant la santé dentaire de votre ami. De surcroît, il est difficile de cuisiner un repas respectant parfaitement les besoins nutritionnels du chien. Les aliments ne doivent en aucun cas être distribués à volonté. Consommés sans modération, ils peuvent en effet provoquer troubles digestifs et obésité.

Il est également proscrit de donner un supplément en minéraux à un chiot qui reçoit un aliment équilibré. Cela pourrait nuire à sa santé et provoquer notamment des malformations osseuses. Enfin, il est inutile et même nuisible de varier l'alimentation de votre chiot.

Néanmoins, si un changement est nécessaire, il doit se faire progressivement sous peine de voir apparaître des troubles gastro-intestinaux

Devant un refus soudain et prolongé de nourriture je ne parle pas de comportement passager, une visite chez le vétérinaire s'impose.

Si aucune maladie n'est détectée, il faut chercher une autre cause. Le golden est un être sensible. Un changement de milieu, la perte d'un compagnon humain ou animal peuvent l'inciter à jeûner quelques jours. Je vous conseille d'accepter cette diète et ne pas paniquer. Si cela dure alors, le vétérinaire sera de nouveau consulté, et il faudra insister auprès de lui.

Certains goldens mangent des choses non comestibles comme de la terre, des pierres, du bois, du plastique, de poteries, voir des chaussettes, etc.., on a également retrouvé de tels objets dans les estomacs des loups italiens du début du XXe siècle.

Ce comportement, appelé Pica, semble être influencé par la génétique puisqu'on le retrouve plus spécifiquement dans certaines lignées que dans d'autres. Il n'y a pas de déficit nutritionnel chez ces sujets.

Le golden peut agir ainsi pour diverses raisons : par ennui, car il vit mal un changement, car il est en deuil. Mais souvent aussi pour attirer l'attention de ses maîtres.

Si votre Golden ingère des crottes, celles d'autres chiens ou celles d'autres espèces animales, c'est parce que, pour lui, elles sont appétissantes ; c'est notamment le cas si elles contiennent de la nourriture non correctement digérée. Dire seulement « NON » fermement.

Concernant l'ingestion de ses propres crottes, malheureusement il peut s'agir d'un golden ayant été sévèrement puni pour les avoir faites dans un lieu inapproprié. Et quelqu'un a oublié la règle de base du chapitre éducation sur le sujet « faite comme si de rien n'était ».

Comment leur faire passer de si vilaines habitudes ? Saupoudrer ce qu'il a l'habitude d'ingérer d'une substance forte (par exemple du paprika). Détourner son attention en jetant une bouteille avec des cailloux ou en faisant du bruit, et surtout récompenser s'il laisse.

Mais, si votre golden ronge des bouts de bois et ingère ainsi des fibres pas forcément très digestes, çà ne mérite même pas d'y faire attention !

En ce qui concerne l'obésité, diverses enquêtes

approfondies montrent que dans un grand nombre de cas, elle va de pair avec de mauvaises habitudes alimentaires et de la nourriture de mauvaise qualité.

Le Golden obèse ne doit pas être anthropomorphisé : pas de sentiments humains. On diminue les quantités, on passe en croquettes pour chien obèse, on fait plus de sport.

Le plaisir de manger, est lié à une perception subjective et personnelle des DIFFÉRENTES saveurs des aliments. Le goût a pour siège les papilles gustatives, petites saillies se trouvant dans la région postérieure de la langue et contenant des cellules sensorielles. Ces dernières réagissent à différentes substances chimiques et transmettent les informations reçues à des neurones reliés à l'encéphale. Les papilles gustatives se trouvent en moins grand nombre chez les chiens que chez les humains (environ 2 000 chez les premiers contre 10 000 chez les seconds). Bien qu'elles puissent différencier les substances sucrées, salées, acides et amères, elles le font aussi d'une manière beaucoup moins précise. De ce fait, nos goldens retrievers sont nettement moins gourmets que nous.

L'odorat est associé si étroitement au goût qu'il est difficile de savoir lequel des deux primes quand il s'agit de préférence alimentaire, une bonne odeur de cuisson nous donne déjà faim !

En ce qui concerne, nos Goldens préférés la différenciation est d'autant plus difficile à faire que ceux-ci ont une sensibilité olfactive nettement plus fine que nous (vis-à-vis des chiens, nous sommes, pauvres humains, des handicapés de l'odorat).

Différentes recherches ont néanmoins permis d'en savoir un peu plus : si pour les chiens l'odorat semble primordial pour la détection de la nourriture, l'odeur dégagée n'est pas le seul critère de choix, la texture et le goût de cette dernière y jouent également un rôle non négligeable.

FIN

Le code de la propriété intellectuelle n'autorisant, aux termes de l'article L. 122 — 5, 2 ° et 3 ° a, d'une part, que les « copies ou reproductions strictement réservées à l'usage privé du copiste et non destinées à son utilisation collective » et, d'autre part, que les analyses et les courtes citations dans un but d'exemple et d'illustration, « toute représentation ou reproduction intégrale ou partielle faite sans le consentement de l'auteur ou des ayants droit ou ayant cause est illicite » (art. L. 122-4). Cette représentation ou reproduction, par quelque procédé que ce soit, constituerait donc une contrefaçon sanctionnée par les articles L. 335-2 et suivant du Code de la propriété intellectuelle.

Le droit d'auteur français est le droit des créateurs. Le principe de la protection du droit d'auteur est posé par l'article L. 111-1 du code de la propriété intellectuelle (CPI) qui dispose que « l'auteur d'une œuvre de l'esprit jouit sur cette œuvre, du seul fait de sa création, d'un droit de propriété incorporelle exclusif et opposable à tous. Ce droit comporte des attributs d'ordre intellectuel et moral ainsi que des attributs d'ordre patrimonial ».